AF358365

28 Novembre 1874 V

CATALOGUE

D'UNE JOLIE COLLECTION

DE

BIJOUX ANCIENS

Matières précieuses; Orfévrerie;
Faïences italiennes et de Bernard-Palissy;
Médailles en bronze des XVIᵉ et XVIIᵉ siècles; Émaux de Limoges;
Sculptures; Objets variés

DONT LA VENTE AURA LIEU

HOTEL DROUOT, SALLE Nᵒ 3,

Le Samedi 28 Novembre 1874,

A deux heures.

Par le ministère de Mᵉ CHARLES PILLET, Commissaire-Priseur,
10, rue de la Grange-Batelière;

Assisté de M. CHARLES MANNHEIM, Expert,
rue Saint-Georges, 7.

Chez lesquels se trouve le présent Catalogue.

EXPOSITION PUBLIQUE : Le Vendredi 27 Novembre 1874,
De une heure à cinq heures.

CONDITIONS DE LA VENTE

Elle sera faite expressément au comptant.

Les acquéreurs payeront *cinq pour cent* en sus du prix d'adjudication.

L'exposition mettant le public à même de se rendre compte de l'état des objets, il ne sera admis aucune réclamation une fois l'adjudication prononcée.

Paris. Typ. Pillet fils aîné, 5, rue des Grands-Augustins.

DÉSIGNATION DES OBJETS

BIJOUX

1 — Bague du xvie siècle en or ciselé et émaillé, avec chaton orné d'une émeraude.

2 — Bague de mêmes style et travail en argent doré.

3 — Bague en or émaillé ornée d'une émeraude. xvie siècle.

4 — Bague de même travail que celle qui précède.

5 — Bague ornée d'un camée du xvie siècle, représentant deux têtes de profil.

6 — Bague ornée d'une intaille sur sardoine ; masque de face.

7 — Flacon en ancienne porcelaine de Saxe, décoré de figures et monté en argent.

8 — Médaillon ovale en or ciselé et émaillé du xvie siècle. Il offre d'un côté la figure du Christ et, de l'autre, la figure de la Vierge.

9 — Jolie tabatière de forme carrée, en ancienne porcelaine de Saxe, décorée de sujets dans le style de **Wat**-
teau et montée en or.

10 — Collier en argent doré et turquoises.

11 — Jolie boîte oblongue en cornaline, montée à cage
en or. Époque Louis **XV**.

12 — Grande et belle boîte avec double fond en ancienne
porcelaine de Saxe, décorée de fleurs et d'oiseaux et
montée en bronze doré.

13 — Tabatière carrée en ancienne porcelaine de Saxe,
montée en or. L'intérieur du couvercle est décoré d'un
joli sujet de personnages de style Watteau.

14 — Boîte carrée en vernis de Martin avec appliques en
nacre et en or. Époque Louis **XV**.

15 — Bonbonnière ronde et plate en nacre de perles avec
appliques en or.

16 — Montre du temps de Louis **XIV** en argent ciselé et
doré, avec cuvette ornée intérieurement et extérieure-
ment de peintures sur émail.

17 — Souvenir porte-tablettes en vernis de Martin, rouge
uni et galonné d'or.

18 — Couteau, cuiller et fourchette à manches en argent émaillé. Dans un étui.

19 — Tabatière ovale en émail de Saxe à fond rose, et décorée de médaillons de personnages.

20 — Boîte rectangulaire du temps de Louis XV, en argent et or ciselé. Travail dit de Pomponne.

21 — Châtelaine en cuivre ciselé et doré.

22 — Boîte ronde peinte en grisaille, représentant un satyre et une chèvre.

23 — Petit coffre en vernis de Martin, à fond rouge et à dessins de nacre en relief.

24 — Boîte ronde en vernis de Martin, avec figures de femme et d'amour.

25 — Treize boutons ornés de miniatures peintes en grisaille.

26 — Paire de ciseaux dans leur étui émaillé.

27 — Cadre Louis XIII en bois d'ébène et filigrane d'argent.

28 — Cadre ovale en filigrane d'argent à double face.

29 —- Six jolis boutons en strass montés en argent.

30 — Dix boutons analogues à ceux qui précèdent, mais plus petits.

31 — Huit petits boutons de même travail.

32 — Trois paires dormeuses en strass.

33 — Huit boutons en strass, dont quatre pour chemise et quatre pour manchettes.

34 — Dix pièces diverses en strass : boutons, boucles, etc.

ORFÉVRERIE

35 — Vidrecome à couvercle en argent orné de médailles rapportées en relief. xviiᵉ siècle.

36 —- Vidrecome à couvercle et à anse en argent doré, orné de médailles rapportées en relief. xviiᵉ siècle.

37 — Salière en argent repoussé à fleurs et doré en partie. xviiᵉ siècle.

38 — Vase en forme d'ananas, en argent repoussé et doré.

39 — Sucrier Louis XVI à couvercle en argent doré.

40 — Petit gobelet sur pieds en argent repoussé et doré.

41 — Écuelle Louis XIV en cuivre ciselé et argenté.

42 — Grande et belle cafetière en argent, du temps de
Louis XV.

43 — Deux flambeaux du temps de Louis XV, en argent.

MATIÈRES PRÉCIEUSES

44 — Grande plaque de forme cintrée, en cristal de roche,
gravée en creux et représentant un sujet biblique.

45 — Plaque ovale en cristal de roche, gravée en creux : la
Fuite en Égypte.

46 — Coupe en forme de coquille, en cristal de roche
gravé ; la monture est ornée d'améthystes.

47 — Coupe sur piédouche, en cristal de roche, montée en
or émaillé.

48 — Coupe en cristal de roche, montée sur un pied
formé d'un dauphin.

49 — Petite coupe en chrysoprase, montée en argent
émaillé et pierreries.

50 — Petite coupe ronde en agate, avec monture et pied en or.

51 — Coupe ovale à couvercle en prime d'améthyste.

52 — Flacon plat en cristal de roche, monté en argent.

53 — Flacon formé d'un petit vase, en agate orientale, à anses, têtes saillantes et monté en argent.

54 — Petite coupe en agate orientale, sur pied, à trois consoles en argent ciselé et doré, ornées de têtes de chimères.

55 — Deux petites tasses rondes avec soucoupes en agate orientale mamelonnée.

56 — Deux petites tasses rondes analogues à celles qui précèdent, mais sans soucoupes.

57 — Deux tabatières chinoises en forme de flacons ; l'une d'elles est en jade verdâtre.

58 — Petit vase en forme de balustre à pans, en jaspe rouge de Sicile.

59 — Bloc de jade sculpté, à paysages et figures. Travail chinois.

60 — Petit reliquaire forme cœur, en cristal de roche monté en argent.

61 — Petite coupe en forme de coquille, en sardoine orientale. Travail chinois.

62 — Grande et belle coupe en cristal de roche, avec monture en or émaillé. L'anse est formée d'un dragon ailé.

FAIENCES

63 — Joli petit groupe en faïence de Bernard Palissy. Enfant monté sur un dauphin.

64 — Socle de forme triangulaire, en faïence de Bernard Palissy, émaillé en couleurs.

65 — Petit chien couché, de même faïence.

66 — Deux flambeaux en faïence, de la suite de Bernard Palissy, et formés chacun d'un chien assis.

67 — Cruche en faïence allemande, à figures allégoriques, mascarons et ornements en relief émaillés en couleurs sur fond blanc. xvie siècle. Modèle rare.

68 — Plaque en faïence de Castelli : saint Pierre en prières.

69 — Vase en forme de cornet, en faïence de Caffagiollo, à deux anses entrelacées et décoré d'ornements variés de nuances.

70 — Grand plat rond en faïence, hispano-arabe à décor à reflets métalliques.

71 — Buire en faïence de Castel Durante ; le goulot est orné d'un lion debout.

72 — Pistolet en faïence italienne décoré en couleurs.

73 — Petite coupe ronde en faïence d'Urbino, à sujet de personnages à l'intérieur, et à bord décoré de grotesques sur fond blanc.

74 — Plat rond en faïence italienne, décoré d'armoiries et d'ornements sur fond bleu.

75 — Plat rond en faïence de Pesaro, décoré d'un buste de personnage costumé à l'orientale.

76 — Coupe ronde en faïence de Castelli, décorée d'une scène d'intérieur du xviiie siècle.

77 — Deux perroquets debout, en faïence italienne et décorés en couleurs. Les têtes sont mobiles.

78 — Deux pièces en faïence italienne : petite coupe ronde et plateau décorés d'une figure de madone.

79 — Petit vase en faïence de Bassorah, à décor émaillé, jaune, bleu et rouge.

80 — Petit bol en ancienne faïence de Perse, à dessin gaufré et ornements émaillés.

81 — Petite assiette en faïence italienne, décorée d'ornements.

82 — Coupe ronde sur piédouche en faïence italienne, décorée d'un buste à l'intérieur.

MÉDAILLES EN BRONZES

83 — Médaille en bronze. — JOANNES ALVISIVS CONFALONIERVS. ℞. Un navire. DOCE ME DOMINE.

84 — Médaille en bronze. — PANDOLFVS MALATESTA PAN. F. ℞. Château-fort. CASTELLVM SISMONDVM ARIMINIENSE. M.CCCC.XLVI.

85 — Médaille en bronze. — JANELLVS TVRRIAN CREMON. NOROLOG. ARCHITECT. ℞. Sujet allégorique de l'Abondance : VIRTVS NVNQ. DEFICIT.

86 — Médaille en bronze. — Anne d'Autriche et Louis XIV enfant. — ℞. Façade d'église. OB GRATIAM DIV. DESIDERATI REGII ET SECVNDI PARTVS QUINTO CAL. SEPT. 1638.

87 — Médaille en bronze. — CHRISTIANIA PRINC. LOTH. MAG. DVX. HETRVR.

88 — Médaille en bronze. — MAR. MAGDALENAE ARCH. AUSTR. MAG. D. ETR.

89 — Plaquette en bronze offrant en bas-relief le buste de
Louis XIV vêtu d'une riche armure.

90 — Bas-relief rectangulaire en bronze. — Femme cou-
chée et amours.

OBJETS VARIÉS

91 — Joli vase en forme de balustre en verre agatisé de
Venise, monté en filigrane d'argent doré.

92 — Émail de Limoges. — Plaque rectangulaire peinte en
émaux de couleurs et à paillons, par François Limosin
(signée F. L. 1633). Elle représente le Triomphe de
Neptune.

93 — Émail de Limoges. — Petit miroir de poche avec
peinture en émaux de couleurs et à paillons. xvie siècle.
Scène d'adoration.

94 — Petit amorçoir Louis XIII en bois sculpté.

95 — Flacon en étain à ornements et mascarons en relief.
xvie siècle.

96 — Amorçoir en nacre de perles, sculpté à figures et
trophées d'armes. Époque Louis XIII.

97 — Turquoise gravée en creux à figures de style égyptien.

98 — Petit coffre en écaille burgautée incrustée de nacre
gravée et argent.

99 — Bas-relief de forme cintrée en ivoire, à figures
d'amours.

100 — Deux statuettes debout en ivoire. Ces pièces sont
incomplètes.

101 — Fragment de poire à poudre en corne, sculpté à
figures et ornements. xvı° siècle.

102 — Fibule antique en bronze.

103 — Très-petit buste d'homme en bronze de style antique.

104 — Miroir antique en bronze.

105 — Style à écrire et pied de biche en bronze. Travail
antique.

106 — Deux aiguilles à tricoter en fer.

107 — Petit flambeau en cuivre champlevé et émaillé, à
pied triangulaire.

108 — Figure d'homme vu à mi-corps en cire peinte et re-
haussée d'or. Travail du xvıı° siècle.

109 — Statuette de femme agenouillée en chêne sculpté.
xvı° siècle.

110 — Brûle-parfums chinois en cuivre repoussé et doré.

111 — Couteau avec manche en ivoire du XVI° siècle.

112 — Petit cadre en cuivre doré et argenté.

113 — Petit encrier oblong en marbre de diverses nuances.

114 — Socle chinois en cuivre repoussé, doré et émaillé à gouttelettes.

115 — Petite statuette de saint Georges en bois sculpté.

116 — Petit buste de femme en ivoire sculpté, sur socle en bois noir.

117 — Figurine d'enfant assis en ivoire.

118 — Statuette de mandarin debout en ivoire.

119 — Petit cachet en serpentine surmonté d'un buste de Socrate.

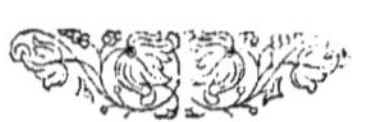

www.ingramcontent.com/pod-product-compliance
Lightning Source LLC
LaVergne TN
LVHW010849180726
843502LV00009B/3790